AF331656

LETTRE

A

A M. HAUSSMANN

LETTRE

A

M. HAUSSMANN

PRÉFET DE LA SEINE

PAR

Mme OLYMPE AUDOUARD

PARIS

IMPRIMERIE BALITOUT, QUESTROY ET Ce

7, RUES BAILLIF ET DE VALOIS, 18.

1868

LETTRE A M. HAUSSMANN

PRÉFET DE LA SEINE

Au mois d'août 1867, un projet fut déposé à la Préfecture de la Seine par M. le baron Haussmann.

Ce projet avait pour but de créer un boulevard de plus, d'ajouter une ligne stratégique nouvelle aux nombreuses voies du même genre, dont M. Haussmann a doté la capitale. Sous le prétexte d'un assainissement indispensable, Paris s'est vu transformé, dans l'espace de quelques années, en un vaste champ de manœuvres, avec de larges artères, qui serviront sans doute un jour à des charges de cavalerie contre les flaneurs et les mécontents (1)!

Un boulevard de plus! il n'y avait pas là de quoi nous surprendre : le second Empire a créé autant de boulevards

____

(1) La preuve que M. Haussmann n'obéit qu'à la seule pensée d'avoir des artères assez larges, pour que la cavalerie puisse y manœuvrer à son aise, c'est cette phrase prononcée au Sénat dansla séance du 16 janvier : « M. le Préfet, s'est écrié un des sénateurs, a donné à la ville de la lumière et de la salubrité.... *Il a arrêté la Révolution !...* »

M'est avis qu'il y a un moyen plus sûr d'arrêter, et surtout d'éviter les révolutions, c'est de ne pas les provoquer par des actes injustes et arbitraires.

que le premier a gagné de batailles, — et ce n'est pas peu dire ! Mais, où la chose devenait incroyable et révoltante à la fois, c'est que le susdit projet annonçait que M. Haussmann comptait faire passer ce nouveau boulevard à travers le cimetière de Montmartre, et que les morts même allaient être atteints par les pioches sacriléges des démolisseurs assermentés !

Ne suffisait-elle pas à M. le Préfet de la Seine, cette parfaite indifférence, qui caractérise son administration, pour le droit qu'a chacun de nous de vivre et de mourir là où il est né ? et fallait-il s'étendre encore à l'asile sacré des morts ? La liste serait bien longue pourtant des vieux hôtels détruits, des maisons historiques disparues, malgré les souvenirs glorieux qui s'y rattachaient, maisons et hôtels remplacés par des bâtisses de mauvais goût, et d'un style uniforme dont l'idéal semble être la caserne ou le phalanstère.

N'était-ce pas assez de voir des milliers de familles, obligées de quitter leurs logis, pour aller chercher ailleurs un asile, que souvent elles ne trouvaient qu'au prix de grands sacrifices ? Lorsqu'on voyait ces déménagements forcés, on se demandait avec terreur, si le mot de propriété allait perdre le sens que nous lui connaissons, s'il n'allait plus signifier qu'une possession passagère, soumise au bon plaisir de l'administration ?

Cette perspective n'avait rien de bien rassurant : mais M. Haussmann voulut aller plus loin !... il s'attaqua à la demeure des morts !!

A l'heure qu'il est, un Français qui perdra un être qui lui est cher, s'il ne veut pas être exposé à voir profaner sa tombe par une exhumation douloureuse et un déménagement odieux, ce Français-là devra aller chercher un asile tranquille sur la terre étrangère !! Là, il n'aura que l'embarras du choix, car toutes les nations, même celles que nous appelons barbares, ont conservé le respect de la mort. Le champ du repos y est inviolable !

Lorsque ce projet sacrilége vint à ma connaissance, mon cœur fut douloureusement ému, car j'ai dans le cimetière Montmartre une tombe, où repose mon fils. Mon premier sentiment fut donc de protester de toute l'énergie de mes faibles forces contre un danger que j'espérais ainsi conjurer, et j'écrivis une lettre à M. le Préfet de la Seine, dont j'envoyai la copie à l'estimable rédacteur en chef du *Figaro,* le sachant toujours disposé à prêter son appui aux faibles, et à ouvrir généreusement les colonnes de son journal aux réclamations justes et équitables.

Je lui envoyai cette copie, avec prière de la publier au plus tôt, et, en effet, le *Figaro* du 21 août 1867, contenait les lignes suivantes :

« Monsieur le Préfet de la Seine,

» J'apprends par le *Figaro* qu'un projet a été déposé à l'Hôtel-de-Ville au sujet d'un boulevard qui traverserait le cimetière Montmartre. Certes, je ne vous dirai pas tout ce que je pense de ce projet, mon cœur est trop soulevé par la douleur et par l'indignation pour me laisser le calme nécessaire pour le faire ; mais je vous jure, Monsieur le Préfet de la Seine, que, moi vivante, on ne violera pas la tombe de mon fils, vos démolisseurs auront à passer sur mon corps pour porter une main sacrilége sur le monument qui recouvre les restes de mon fils bien-aimé

» Déposer un pareil projet !... Mais quelle opinion a-t-on donc du peuple français ?... Croit-on, par hasard, que pour lui il n'est plus rien de sacré, pas même la mort ?...

» On se trompe ; et nous toutes, pauvres mères qui avons un enfant dans ce cimetière, nous défendrons leur tombe contre toute profanation.

» Les grands, les rois de la terre, devant le champ du repos, se sont toujours inclinés respectueusement, faites comme eux, Monsieur le Préfet. »

Il va sans dire que M. le Préfet ne se donna même pas la peine de me répondre, ni de me faire répondre par un de ses subordonnés. Une femme auteur, un journaliste, est-ce qu'on se gêne avec ces gens-là ?

Bien plus, M. le Préfet, oubliant, sans doute, que tous les Français sont égaux devant la loi, et que la propriété d'un chacun mérite les mêmes égards, se préoccupa si peu de ma protestation, qu'il passa outre, la jugeant, probablement, non-avenue, et ne daigna accorder son attention qu'aux réclamations des fils de l'amiral Baudin. Cela se comprend, du reste, l'amiral Baudin appartenait, par sa position, aux hommes de l'Empire ; ce qui crée en France des droits exceptionnels ! !

Aussi, lorsque l'honorable sénateur, M. Le Roy de Saint-Arnaud, fit observer à M. Haussmann, fort judicieusement, qu'il devrait au moins arriver au Sénat, muni des adhésions de ceux à qui appartiennent les sépultures contestées, et que ce n'est qu'alors qu'il pourrait dire : « Le projet n'offre pas de difficultés, j'ai traité avec les intéressés. » — M. le Préfet de la Seine répondit avec un aplomb que rien n'émeut : « Rien n'est plus facile, je puis le faire encore. »

Eh bien, non, Monsieur le Préfet, vous ne le pouvez pas, et vous le savez très-bien : vous savez qu'il vous faudrait employer la force pour accomplir ce sacrilége. Vous nous offrez un terrain ailleurs, vous parlez de payer les frais de reconstructions et de cérémonies religieuses..... et vous avez l'air de dire : « De quoi se plaignent ces gens-là, ils n'auront rien à débourser ! » Un peu plus, et vous nous offririez une indemnité !..... Est-ce là où vous voulez en venir ?

Mais avez-vous songé seulement aux immenses douleurs que vous allez raviver ? Avez-vous songé au désespoir d'une mère, qui verrait exhumer des entrailles de la terre, la caisse qui contient les restes d'un enfant bien-aimé, dont elle ne cesse de pleurer la mort ? Vous êtes-vous rendu compte du sentiment poignant et terrible qu'elle éprouvera, car ces restes mêmes lui sont précieux, et au moment où on les lui reprendra pour les ensevelir une seconde fois, elle ressentira la même immense douleur que lors du premier enterrement !

Non, vous n'avez pas songé à tout cela, et je le regrette pour vous, car on doit être accessible aux douleurs de ce genre, lors même que le sort vous les a épargnées.

En revanche, vous avez pensé à assurer le Sénat, que vous feriez les choses grandement !!

Quelle triste opinion avez-vous donc du cœur humain ?

C'est vous que je plains, Monsieur le Préfet, car il faut avoir perdu le sens moral pour concevoir le plan d'un boulevard aussi sacrilége ! Si vous trouvez la chose si simple ét si naturelle, pourquoi n'avoir pas réservé pour ce boulevard le nom qu'il mériterait de porter ? Votre nom y ferait bien, car il est votre œuvre, vous en acceptez la responsabilité et l'initiative.

Je ne sais si le coin du cimetière, où se trouve la tombe de mon enfant, est sur la ligne de votre tracé : mais, je le déclare hautement, comme j'ai acheté un terrain à perpétuité, je prétends ne pas en être dépouillée contre mon gré. Je proteste donc, contre votre projet, de toutes les forces de mon âme indignée, et si ma tombe est atteinte par la pioche de vos démolisseurs, je n'accepterai aucun arrangement, et je défendrai ma propriété contre cet attentat odieux aux sentiments les plus sacrés de la conscience humaine.

Comme je vous le disais, dans ma lettre du 21 août, moi vivante, on ne violera pas la tombe de mon fils !

En achetant, avec tant d'autres, une concession à perpétuité, dans un lieu calme et isolé, personne de nous ne pouvait s'attendre à voir ouvrir, au milieu de cet asile sacré, une voie charretière nécessaire, peut-être, à vos combinaisons stratégiques, mais attentatoire, au premier chef, au repos de tant de familles. Aussi, dussé-je être épargnée par les démolitions, je maintiendrai ma protestation, car le fait que vous commettez, Monsieur le Préfet, est sans précédent dans les annales de la France.

Il faudrait remonter jusqu'aux plus mauvais jours de la Révolution pour y trouver quelque chose d'analogue : mais, là au moins, on avait pour excuse les passions populaires, et leurs entraînements funestes. Que dire donc d'un projet, qui, froidement médité dans un bureau, arrive aux mêmes résultats ?

Je vous recommande, Monsieur le Préfet, ces quelques pages que j'extrais des Mémoires de M. Guizot (vol. 6), et vous verrez comment le respect pour les morts a été, de tout temps, pratiqué parmi nous, et à quel degré d'enthousiasme il peut arriver. Ces pages sont instructives sous bien des rapports : quel contraste surtout entre le retour des cendres du prisonnier de Sainte-Hélène, et l'expropriation forcée du cimetière Montmartre, pour cause de méfiance publique !

Lisez, et vous jugerez.

« Le 30 novembre 1840, à cinq heures du matin, la fré-

gate la *Belle-Poule,* commandée par le prince de Joinville,
mouilla devant Cherbourg, rapportant de Sainte-Hélène les
restes de l'empereur Napoléon, et le 3 décembre, au milieu
d'une population empressée autour du prince de Joinville,
un simple prêtre, un aumônier de la marine, lui disait, avec
une émotion qui était celle de tous les assistants : « Votre
Altesse Royale permettra au fils d'un laboureur, devenu
aumônier, d'offrir ses respectueux hommages au fils de son
roi; vous me pardonnerez peut-être d'unir ma faible voix à
la grande voix de la France et de préluder au jugement ae
la postérité, qui vous tiendra compte de votre expédition de
Sainte-Hélène, et gravera votre nom à côté du nom glorieux
de votre auguste père sur le cercueil glorieux du grand
homme. Honneur à vous, Prince, honneur au roi dont vous
êtes le digne fils! Ce cri n'est pas de moi seul; je vous l'ap-
porte fraîchement sorti de la bouche de deux cents braves
invalides que les fatigues de la mer retiennent dans l'hôpital
de Cherbourg. C'est le vivat dont ils ont salué hier, avec le
canon national, votre entrée dans notre port. » Les invalides
de Cherbourg et leur aumônier exprimaient vraiment ainsi
le sentiment public. Au premier moment, en présence de
cette généreuse sympathie du roi, de ses fils et de son gouvernement pour les grands souvenirs nationaux, toute haine
des partis, toute rivalité des personnes se taisaient; on ne
voyait, on n'entendait que la justice rendue par tous à tous,
aux vivants et aux morts, aux vainqueurs et aux vaincus, à
Louis-Philippe et à Napoléon, à la guerre et à la paix.

« Nous avions résolu, avec la pleine adhésion du roi, de
donner à cette cérémonie la plus grande solennité et aux
manifestations populaires la plus grande liberté.

« Le prince de Joinville fit escorte au cercueil depuis le
Havre jusqu'à Paris. Avec un tact sympathique, il fit sup-

primer tout ornement et substituer le deuil à la pompe ; son ordre portait : « Le bateau sera peint en noir ; à la tête du mât flottera le pavillon impérial ; sur le pont, à l'avant, reposera le cercueil couvert du poële funèbre rapporté de Sainte-Hélène ; l'encens fumera ; à la tête s'élèvera la croix ; le prêtre se tiendra devant l'autel : mon état-major et moi derrière ; les matelots seront en armes ; le canon tiré à l'arrière annoncera le bateau portant les dépouilles mortelles de l'Empereur. Point d'autres décorations. »

« Ainsi réglé, le convoi funèbre remonta lentement la Seine, trouvant partout, dans la campagne comme dans les villes, la population accourue sur les deux rives, et partout accueilli avec une admiration reconnaissante, curieuse, respectueuse, étrangère à toute passion de parti. Le 14 décembre, comme il arrivait dans les eaux de Neuilly, on remarqua, du bord de la *Dorade,* un groupe de quatre ou cinq dames réunies sur le rivage et qui saluaient vivement de leurs mouchoirs.

« C'est ma mère ! » s'écria le prince de Joinville. C'était, en effet, la reine Marie-Amélie, la première à accueillir à l'entrée de Paris, avec sa généreuse joie maternelle, son fils ramenant de Sainte-Hélène les restes mortels de Napoléon.

« Le mardi 15 décembre, avant midi, le Roi, la Reine, la famille royale, les Chambres, les ministres, une foule solennelle et silencieuse étaient dans l'église des Invalides, sous le dôme et autour du catafalque, attendant le convoi funèbre qui était parti à dix heures du rivage de Courbevoie, et s'avançait lentement entre les rangs de l'armée et de la garde nationale, précédé, entouré, suivi, pressé, à perte de vue, par tout un peuple avide de l'apercevoir et de l'approcher. Le froid était rigoureux, l'atmosphère glacée, le vent perçant ; la foule n'en avait point été découragée ; et pourtant, au fond et dans l'ensemble, cet océan d'hommes était tranquille, étranger à toute fermentation politique, adonné au spectacle seul. Seulement, de distance en distance et de temps en temps, au sein de petits groupes dispersés dans la garde nationale et dans la multitude, les passions politiques s'étaient donné rendez-vous et se manifestaient par des cris : A bas Guizot ! à bas les ministres ! à bas les Anglais ! à bas les forts détachés ! Ces cris ne se propageaient point, et personne ne s'inquiétait de les réprimer ; ils éclataient librement et se perdaient dans l'air sans contagion comme sans résistance. »

Quel bel exemple à suivre, de sagesse, de modération et de respect à la liberté, et que nous sommes loin de l'époque de Louis-Philippe, que bien des gens se plaisent à citer comme une époque de décadence pour la France ! !

« Personne, dit M. Guizot, ne s'inquiétait de réprimer ces cris ! ils éclataient librement et se perdaient dans l'air ! »

C'est à n'y pas croire aujourd'hui ! Que de cris innocents ont mené des gens en prison sous le second Empire, et à qui serait-il venu en idée, sous le régime tant décrié de la dynastie d'Orléans, qu'aller déposer en silence et dans l'attitude d'un pieux recueillement, des couronnes d'immortelles sur la tombe de Cavaignac, suffirait pour être appréhendé au corps et mis en état d'arrestation !

A défaut des contemporains, c'est la postérité qui jugera et appréciera les faits dont le cimetière a été le théâtre, car ils sont de nature à jeter un défi à la dignité même de la France.

Le respect du roi Louis-Philippe pour la mémoire des morts fut si grand, que, pour ne pas heurter des souvenirs et des sympathies qu'il savait cependant lui être hostiles, c'est lui-même qui rend les honneurs aux dépouilles mortelles de l'Empereur. — Il comprend si bien ses devoirs de souverain, qu'il laisse librement éclater les cris et les manifestations.

La paix publique en a-t-elle été troublée ?

Non, car le 18 décembre, quelques jours après la cérémonie, M. Guizot écrivait ce qui suit à son ami M. le baron Mounier :

« Napoléon et un million de Français se sont trouvés en contact, sous le feu d'une presse conjurée ; il n'en est pas sorti une étincelle..... Malgré tant de mauvaises apparences et de faiblesses réelles, ce pays-ci veut l'ordre, la paix, le bon gouvernement. Les bouffées révolutionnaires y sont factices et courtes. »

Oui, M. Guizot a raison, notre pays veut l'ordre et la paix, mais à condition qu'on le gouverne bien. — Il aime le pouvoir, mais à condition qu'il soit juste ; qu'il le laisse applaudir comme il l'entend, et siffler quand cela lui plaît ; qu'il ne l'empêche pas d'honorer les morts et de juger les vivants ; bref, qu'il ne soit pas livré, pieds et poings liés, aux vexations d'une administration tracassière et infaillible.

Si le second Empire a jamais son historien, cet homme flétrira, comme elle le mérite, l'odieuse profanation dont nous sommes menacés. Il dira que, malgré l'impression produite, malgré les réclamations nombreuses des mères en deuil et des femmes éplorées, malgré les avertissements et les résistances de la conscience publique, les morts ont été expulsés de leurs tombes et condamnés à chercher un abri plus hospitalier. Il dira aussi que le conseil d'État a approuvé la mesure, que le Sénat a voté l'ordre du jour, et que la voix de la nature a été obligée de se taire et de céder aux caprices de l'administration.

Si M. Haussmann a jamais un biographe, il lui causera de

grands embarras ; car, comment faire pour expliquer cette idée extravagante de faire passer un boulevard à travers un cimetière ? — comment faire pour rendre justice aux sentiments élevés d'un homme qui ose proposer de faire payer par la Ville des frais d'exhumation, et d'indemniser, moyennant espèces, les larmes et les douleurs ?

Je sais que ma voix se perdra, comme tant d'autres, dans le bruit des démolitions : mais l'avenir est là pour me consoler. Je crains seulement que M. Haussmann ne fasse dire du second Empire, ce qui ne serait juste que pour lui, c'est qu'après avoir voulu tout fonder, il n'a laissé que des ruines et des démolitions.

OLYMPE AUDOUARD.

Paris, 21 janvier 1868.